ISBN : 9788370696276

Mon premier livre
DES DOUAS
quotidiens

وَإِذَا سَأَلَكَ عِبَادِي عَنِّي فَإِنِّي قَرِيبٌ أُجِيبُ
دَعْوَةَ ٱلدَّاعِ إِذَا دَعَانِ فَلْيَسْتَجِيبُواْ لِي
وَلْيُؤْمِنُواْ بِي لَعَلَّهُمْ يَرْشُدُونَ

"Et quand Mes serviteurs t'interrogent sur Moi, alors Je suis tout proche: Je réponds à l'appel de celui qui M'invoque quand il M'invoque. Qu'ils répondent donc à Mon appel, et qu'ils croient en Moi, afin qu'ils soient bien guidés."

(Coran , 2: 186)

Qu'est ce que le Doua ?

Doua est un terme arabe (دعاء), qui signifie invocation.

Lorsqu'on fait le doua, on fait appel à Allah ﷻ et on Lui demande tout ce qu'on veut.

Pourquoi on dit le Doua ?

Parce que tout le bien est entre les mains de Dieu:
S'Il décide de nous donner un bien, personne ne
peut nous en priver.
Et s'Il décide de nous priver d'un bien, personne ne
peut nous en donner.

Doua avant de dormir

بِاسْمِكَ اللَّهُمَّ أَمُوتُ وَأَحْيَا

Bismika Allaahoumma amouto wa ahyaa.

"C'est en Ton nom, Ô Allah !, que je meurs et que je vis"

DOUA APRÈS LE RÉVEIL

الحَمْدُ لِلَّهِ لَّذِي أَحْيَانَا بَعْدَمَا
أَمَاتَنَا وَإِلَيْهِ النُّشُورْ

Alhamdo li Allaahi al-ladhi ahyaanaa ba'da maa
amaatanaa wa ilayhi
an-nushoor.

" Louange à Allah qui nous a
rendus à la vie après nous avoir
fait mourir, et tout retourne à Lui "

DOUA AVANT D'ENTRER AUX TOILETTES

اللَّهُمَّ إِنِّي أَعُوذُ بِكَ مِنَ الْخُبْثِ وَالْخَبَائِثِ

Allaahomma inni a'oodhu bika minal-khubuthi wal-khabaa ithi

"Ô Allah, je cherche refuge en Toi contre les choses méchantes et nocives."

DOUA EN SORTANT DES TOILETTES

غُفْرَانَكَ

Ghufranaka

"(Ô Seigneur, Je te demande) Ton pardon!"

DOUA AVANT DE RENTRER À LA MAISON

بِسْمِ اللّٰهِ وَلَجْنَا، وَ بِسْمِ اللّٰهِ
خَرَجْنَا، وَعَلَى رَبِّنَا تَوَكَّلْنَا

Bismillaahi walajnaa, wa bismillaahi kharajnaa, wa'alaa rabbinaa tawakkalnaa

PAR LE NOM D'ALLAH NOUS ENTRONS
ET AU NOM D'ALLAH NOUS SORTONS
ET EN ALLAH NOUS PLAÇONS NOTRE CONFIANCE.

[DITES ENSUITE AS-SALAAMU 'ALAYKOM À CEUX QUI SONT PRÉSENTS].

DOUA AVANT DE SORTIR DE LA MAISON ♥

بِسْمِ اللّٰهِ تَوَكَّلْتُ عَلَى اللّٰهِ، وَلَا
حَوْلَ وَلَا قُوَّةَ إِلَّا بِاللَّهِ

Bismillaahi, tawakkaltu 'ala Allaahi, wa laa hawla wa laa quwwata illaa billaah.

"PAR LE NOM D'ALLAH, JE M'EN REMETS À ALLAH, IL N'Y A DE FORCE ET DE PUISSANCE QUE PAR ALLAH"

DOUA AVANT DE MANGER

اللَّهُمَّ بَارِكْ لَنَا فِيمَا رَزَقْتَنَا وَزِدْنَا خَيْرًا
مِنْهُ وَقِنَا عَذَابَ النَّارِ.

Allahumma barik lana fima razaqtana wa zidna
khayren minho waqina adhaban-nar

" "Ô ALLAH, BÉNIS-NOUS (LA NOURTITURE) QUE TU NOUS AS DONNÉ, ET NOURRIS-NOUS (A L'AVENIR D'UNE NOURRITURE) QUI LUI EST MEILLEUR, ET PROTÈGE-NOUS DU CHÂTIMENT DE L'ENFER."

DOUA APRÈS AVOIR MANGER

الْحَمْدُ لِلَّهِ الَّذِي أَطْعَمَنَا وَسَقَانَا
وَجَعَلَنَا مِنَ الْمُسْلِمِينَ

Alhamdu-lillahil-lazi at'amana wa saqana
wa ja'alana mina al-muslimin

"LOUANGE À ALLAH QUI NOUS A DONNÉ À MANGER, À BOIR ET NOUS A FAIT MUSULMANS"

DOUA QUAND ON ÉTERNUE

DOUA AVANT L'EXAMEN

اللّهُمَّ لا سَهْلَ إلاّ ما جَعَلتَهُ
سَهلاً، وَأَنْتَ تَجْعَلُ الْحَزَنَ إذا
شِئْتَ سَهلاً

Allahoumma laa sahla illa maa ja'altahou sahla, wa anta taj'alu lhazana idha chi'ta' sahlan

"Ô Allah, il n'y a de chose facile que ce que Tu rends facile et si Tu le veux, Tu peux rendre la chose difficile facile"

DOUA LORSQU'ON SE REGARDE DANS UN MIROIR

اللَّهُمَّ كَمَا حَسَّنْتَ خَلْقِي
فَحَسِّنْ خُلُقِي

Allahoumma kama hassanta khalki fa hassin khuluki

"Ô Allah tout comme Tu m'as accordé un bel aspect, accorde moi un comportement d'excellence"

DOUA DU VOYAGE

سُبْحَانَ الَّذِي سَخَّرَ لَنَا هَذَا وَمَا كُنَّا لَهُ مُقْرِنِينَ وَإِنَّا إِلَى رَبِّنَا لَمُنْقَلِبُونَ

Subhana-alladhi sakh-khara lana hadha wa ma kunna lahu muqrinin
Wa inna ila Rabbina la munqalibun.

" Gloire à Celui qui a mis ce moyen de transport à notre service alors que nous n'étions pas capables de le dominer. – Et c'est vers notre Seigneur que nous devons retourner..

Coran: Az-Zukhruf/13

DOUA APRÈS EL-ADHAN

اللَّهُمَّ رَبَّ هَذِهِ الدَّعْوَةِ التَّامَّةِ وَالصَّلاَةِ الْقَائِمَةِ آتِ مُحَمَّدًا الْوَسِيلَةَ وَالْفَضِيلَةَ وَابْعَثْهُ مَقَامًا مَحْمُودًا الَّذِي وَعَدْتَهُ

Allahumma Rabba hadhihi adda'wati taammah, was-salatil kaa'imah, aati Muhammadan al-wassilata wal-fadilah, wa b`ath-hu makaman mahmudan-el-ladhi wa`adtahu'

" Ô Allah, Maître de cet appel parfait et de la prière que l'on va accomplir, donne à Mohammed (ﷺ) le pouvoir d'intercéder et la place d'honneur, et ressuscite-le dans la position louable que Tu lui as promise "

DOUA LORSQU'ON MET UN VÊTEMENT NEUF

الْحَمْدُ لِلَّهِ الَّذِي كَسَانِي هَذَا وَرَزَقَنِيهِ
مِنْ غَيْرِ حَوْلٍ مِنِّي وَلَا قُوَّةٍ

Alhamdulillah aladhi kasani hadha wa razakanih min ghayri hawlin minni wala kowa

"Louange à Allah qui m’en a vêtu et me l’a accordé, sans que ma force ni ma puissance n'y soient pour quelque chose"

DOUA POUR NOS PARENTS

رَبِّ اغْفِرْ لِي وَلِوَالِدَيَّ وَارْحَمْهُمَا كَمَا
رَبَّيَانِي صَغِيرًا

Rabbi ghfir li wa li walidayya wa rhamhouma kama rabbayani saghira.

"Ô Seigneur, pardonne-moi ainsi qu'à mes parents, et fais-leur miséricorde à tous deux comme ils m'ont élevé lorsque j'étais petit"

DOUA POUR REMERCIER LES GENS

DOUA LORSQU'IL PLEUT

اللَّهُمَّ صَيِّبَاً نَافِعًا

Allaahumma sayyiban naafi'aan

"Ô Allah, que ce soit une pluie utile"

DOUA QUAND ON VISITE UN MALADE

لَا بَأْسَ طَهُورٌ إِنْ شَاءَ اللّٰه

Laa ba'sa tahourun incha'Allah.

"Ce n'est pas un mal, que cela soit pour toi une purification si Allah veut".

أَسْأَلُ اللّٰهَ الْعَظِيمَ رَبَّ الْعَرْشِ الْعَظِيمِ أَنْ يَشْفِيَكَ

As'alu Allaha El-'Adhim Rabba al-'Archi el-'Adhim an yachfiyaka.

"Je prie Allah le Très Grand, Seigneur du Trône immense de te guérir"

DOUA POUR SALUER UN MUSULMAN

DOUA APRÈS LES ABLUTIONS (WOUDOU)

اللَّهُمَّ اجْعَلْنِي مِنَ التَّوَّابِينَ
وَاجْعَلْنِي مِنَ الْمُتَطَهِّرِينَ

Allahoumma ij'alni mina attawwaabina wa j'alni mina al-mutatahirin

"Ô Allah ! Mets-moi au nombre de ceux qui se repentent et de ceux qui se purifient"

DOUA EN ENTRANT DANS LA MOSQUÉE

اللَّهُمَّ افْتَحْ لِي أَبْوَابَ رَحْمَتِكَ

Allaahoumma ftah lee abwaaba rahmatika.

" Ô Allah, ouvre-moi les portes de Ta miséricorde"

DOUA DE GRATITUDE

Alhamdulillah pour...

رَبِّ أَوْزِعْنِي أَنْ أَشْكُرَ نِعْمَتَكَ الَّتِي أَنْعَمْتَ عَلَيَّ وَعَلَى وَالِدَيَّ وَأَنْ أَعْمَلَ
صَالِحًا تَرْضَاهُ وَأَدْخِلْنِي بِرَحْمَتِكَ فِي عِبَادِكَ الصَّالِحِينَ

Rabi awzi'ni an achkora ni'mataka allati an'amta 'alayya wa a'alaa waalidayya wa an a'mala saalihan tardaahu wa adkhilni birahmatika fi 'ibaadika assaalihin

"Permets-moi Seigneur, de rendre grâce pour le bienfait dont Tu m'as comblé ainsi que mes parents, et que je fasse une bonne œuvre que Tu agrées et fais-moi entrer, par Ta miséricorde, parmi Tes serviteurs vertueux"

Coran : An-Naml/19

DOUA DU MATIN

اللّهُـمَّ بِكَ أَصْـبَحْنا وَبِكَ أَمْسَـينا ، وَبِكَ
نَحْـيا وَبِكَ نَمُـوتُ وَإِلَـيْكَ المَصِيْر

Allahumma bika asbahnaa wa bika amsaynaa, wa bika naḥyaa wa bika namouto wa ilayka al-masir

"Ô Allah ! C'est par Toi que nous nous retrouvons au matin et c'est par Toi que nous nous retrouvons au soir. C'est par Toi que nous vivons et c'est par Toi que nous mourons et c'est vers Toi que sera notre destinée"

DOUA DU SOIR

اللَّهُمَّ بِكَ أَمْسَيْنَا وَبِكَ أَصْبَحْنَا وَبِكَ
نَحْيَا وَبِكَ نَمُوتُ وَإِلَيْكَ النُّشُورُ

Allahumma bika amsaynaa wa bika , asbahna wa bika nahyaa wa bika namouto wa ilayk-an-nushoor

" Ô Allah ! C'est par Toi que nous nous retrouvons au soir et c'est par Toi que nous nous retrouvons au matin. C'est par Toi que nous vivons et c'est par Toi que nous mourons et c'est vers Toi que se fera la Résurrection"

DOUA EN CAS DE VENT

اللَّهُمَّ إِنِّي أَسْأَلُكَ خَيْرَهَا، وَخَيْرَ مَا فِيْهَا،
وَخَيْرَ مَا أُرْسِلَتْ بِهِ، وَأَعُوْذُ بِكَ مِنْ
شَرِّهَا، وَشَرِّ مَا فِيْهَا، وَشَرِّ مَا أُرْسِلَتْ بِهِ

Allahumma inni as aluka khayrahaa, wa khayra Ma fihaa, wa khayra maa ursilat bihi, wa a'udhu bika min sharriha, wa sharri maa, fihaa, wa sharri maa ursilat bihi

"Ô mon Dieu, je Te demande son bien (le vent), le bien qu'il contient et le bien avec lequel il a été envoyé, et je cherche refuge auprès de Toi contre son mal, le mal qu'il contient et le mal avec lequel il a été envoyé.".

DOUA LORSQU'ON ENTEND LE TONNERRE

سُبْحَانَ الَّذِي يُسَبِّحُ الرَّعْدُ بِحَمْدِهِ ،
وَالْمَلائِكَةُ مِنْ خِيفَتِهِ

subhaan alladhi yousabbihou arraʿdu bi ḥamdihi, wa almalaaikatu min khifatih

"Gloire et pureté à Celui dont le tonnerre Le glorifie par sa louange et aussi les Anges sous l'effet de sa crainte"

DOUA DE PROTECTION

بِسْمِ اللَّهِ الَّذِي لَا يَضُرُّ مَعَ اسْمِهِ شَيْءٌ فِي الْأَرْضِ وَلَا فِي السَّمَاءِ وَهُوَ السَّمِيعُ الْعَلِيمُ

Bismi Allahi alladhi la yadhurru ma'ismihi shay'on fil ardhi wa laa fi s-sama'i wa huwas-Sami'ul 'Alim

" Au nom d'Allah, tel qu'en compagnie de Son Nom rien sur Terre ni au Ciel ne peut nuire, Lui l'Audient, l'Omniscient (Celui qui sait tout) "

DOUA AVANT D'ÉTUDIER

اَللَّهُمَّ عَلِّمْنِي مَا يَنْفَعُنِي, وَ انْفَعْنِي بِمَا
عَلَّمْتَنِي وَ زِدْنِي عِلْمًا

Allahomma a'limni maa yanfa'oni wa infa'ni bima a'lamtani wa zidni ilma.

"O Allah! Apprend-moi des connaissances utiles et rend-moi bénéfique ce que Tu m'as appris et augmente moi en connaissance»

DOUA CONTRE LA COLÈRE

أَعُوذُ بِاللَّهِ مِنَ الشَّيْطانِ الرَّجِيْمِ

A'oudhu billaahi mina ach-chaytaani arrajim

" Je cherche protection auprès
d'Allah contre Satan, le lapidé "

DOUA POUR ENTRER AU PARADIS

اللَّهُمَّ إِنِّي أَسْأَلُكَ الْجَنَّةَ وَأَعُوذُ
بِكَ مِنَ النَّارِ

Allahoumma inni as'aloka al jannata wa ao'dhu bika mina annaar

" Ô Allah, je te demande le Paradis et je me mets sous Ta protection contre l'Enfer"

DOUA POUR LA GUÉRISON

اللَّهُمَّ رَبَّ النَّاسِ أَذْهِبِ الْبَأْسَ، وَاشْفِ أَنْتَ
الشَّافِي لَا شِفَاءَ إِلَّا شِفَاؤُكَ،
شِفَاءً لَا يُغَادِرُ سَقَمَاً

Allahumma Raba annasi adhhibi alba'ssa, wa echfi anta Achaafi, laa chifaa illa chifaaoka chifaan laa yoghadiro sakaman

" Ô Dieu, Seigneur des hommes, fais partir le mal et guéris; Tu es le Guérisseur, il n'y a de guérison que la Tienne, une guérison qui ne laisse aucun mal "

DOUA EN ENTRANT AU MARCHÉ

لَا إِلَهَ إِلَّا اللّٰهُ وَحْدَهُ لَا شَرِيْكَ لَهُ، لَهُ المُلْكُ وَلَهُ الحَمْدُ، يُحْيِي وَيُمِيْتُ، وَهُوَ حَيٌّ لَا
يَمُوتُ، بِيَدِهِ الْخَيْرُ، وَهُوَ عَلَى كُلِّ شَيْءٍ قَدِيْرٌ

Laa ilaha illa Allaho wahdaho laa charika laho, laho-l-molko wa laho-l-hamdou, yohyi wa yomito, wa howa hayyon laa yamoto, bi-yadihi-l-khayro, wa howa 'alaa kolli chayin qadir.

" Il n’y a d’autre divinité qu’Allah Unique, sans associé. A Lui la royauté, à Lui la louange, Il donne la vie et donne la mort. Il est vivant et ne mourra jamais. Le bien est dans Sa main et Il est capable de toute chose"

DOUA LORS DE LA RUPTURE DU JEÛNE AU RAMADAN (IFTAR)

اللَّهُمَّ لَكَ صُمْتُ وَعَلَى رِزْقِكَ أَفْطَرْتُ

Allahomma laka somto, wa 'ala rizqika aftarto

" Ô Allah, pour Toi j'ai jeûné et avec Ta subsistance je romps mon jeûne "

Made in the USA
Monee, IL
14 November 2026

68487101R00024